Impressum
Verlag: BABADADA GmbH, Nedderfeld 112 , 22529 Hamburg
Geschäftsführer / Verlagsleitung: Harald Hof
Druck: Books on Demand GmbH, In de Tarpen 42, 22848 Norderstedt

Imprint
Publisher: BABADADA GmbH, Nedderfeld 112 , 22529 Hamburg, Germany
Managing Director / Publishing direction: Harald Hof
Print: Books on Demand GmbH, In de Tarpen 42, 22848 Norderstedt

skola
el colegio

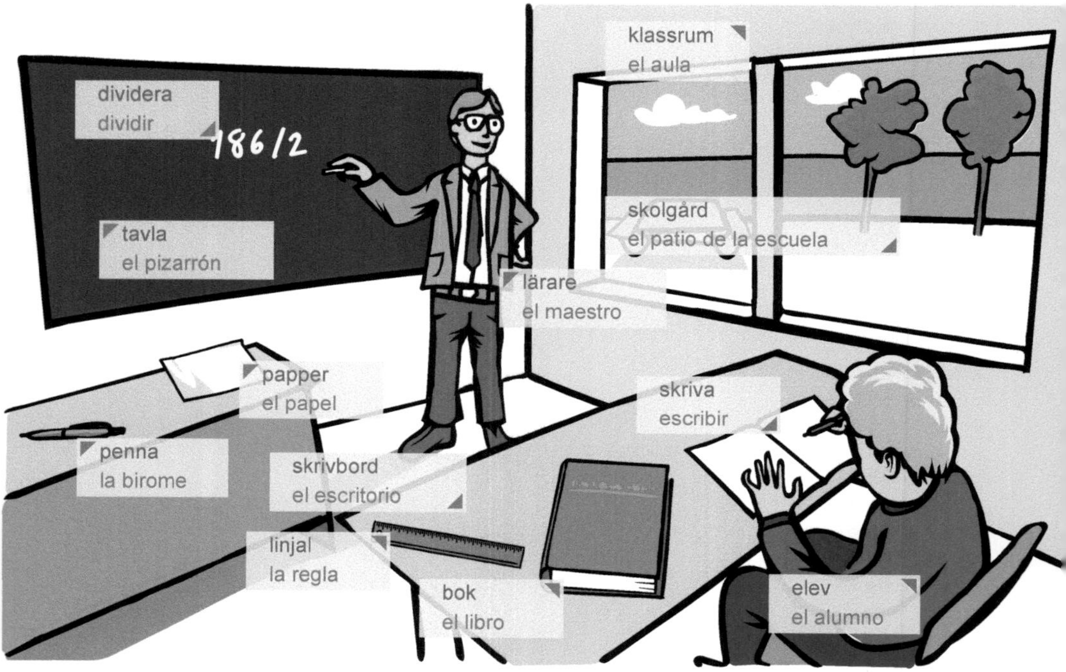
klassrum
el aula
dividera
dividir
186/2
tavla
el pizarrón
skolgård
el patio de la escuela
lärare
el maestro
papper
el papel
skriva
escribir
penna
la birome
skrivbord
el escritorio
linjal
la regla
bok
el libro
elev
el alumno

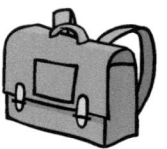

skolväska

la mochila

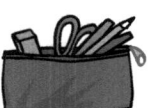

pennfodral

la caja de lápices

blyertspenna

el lápiz

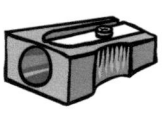

pennvässare

el sacapuntas

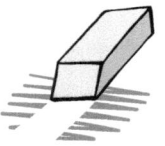

suddgummi

la goma (de borrar)

ritblock

el bloc de dibujo

teckning

el dibujo

pensel

el pincel

målarlåda

la caja de pinturas

sax

la tijera

lim

el pegamento

övningsbok

el cuaderno de ejercicios

hemläxa

la tarea

tal

el número

addera

sumar

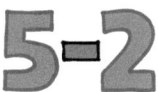

subtrahera

restar

multiplicera

multiplicar

räkna

calcular

bokstav

la letra

alfabet

el abecedario

hello

ord

la palabra

text
el texto

läsa
leer

krita
la tiza

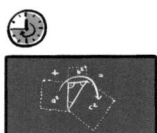

lektion
la lección

register
el cuaderno de clase

prov
el examen

intyg
el certificado

skoluniform
el uniforme escolar

utbildning
la educación

uppslagsverk
la enciclopedia

universitet
la universidad

mikroskop
el microscopio

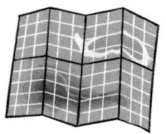

karta
el mapa

papperskorg
el tacho (de basura)

resa
el viaje

hotell
el hotel
vandrarhem
el hostel
ROOMS
EXCHANGE
växelkontor
la casa de cambio
resväska
la valija
bil
el auto

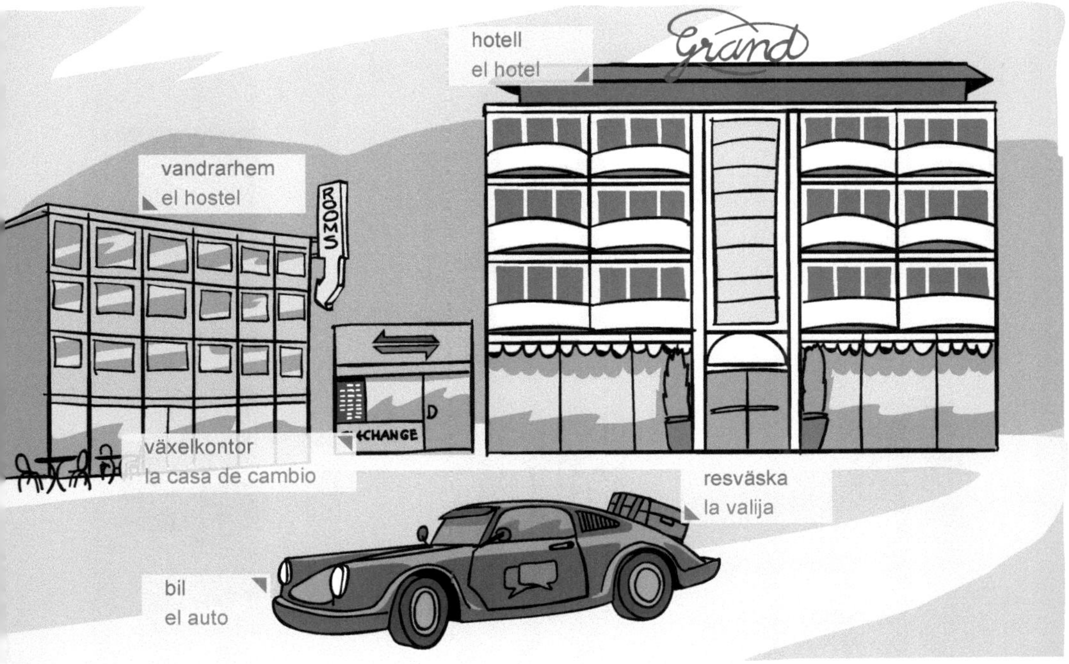

språk

el idioma

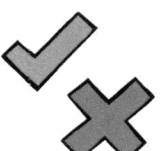

ja / nej

sí / no

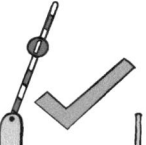

Okay

Está bien

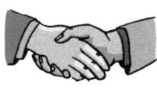

hej

hola

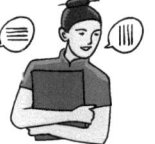

översättare

el traductor

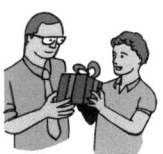

Tack

Gracias

hur mycket kostar…?

¿cuánto cuesta…?

jag förstår inte

No entiendo

problem

el problema

God kväll!

¡Buenas tardes!

God morgon!

¡Buenos días!

God natt!

¡Buenas noches!

hejdå

el adiós

riktning

la dirección

bagage

el equipaje

väska

el bolso

ryggsäck

la mochila

gäst

el invitado

rum

la habitación

sovsäck

la bolsa de dormir

tält

la carpa

turistinformation

la información turística

strand

la playa

kreditkort

la tarjeta de crédito

frukost

el desayuno

lunch

el almuerzo

middag

la cena

biljett

el pasaje

hiss

el ascensor

frimärke

el sello

gräns

la frontera

tull

la aduana

ambassad

la embajada

visum

la visa

pass

el pasaporte

transport
el transporte

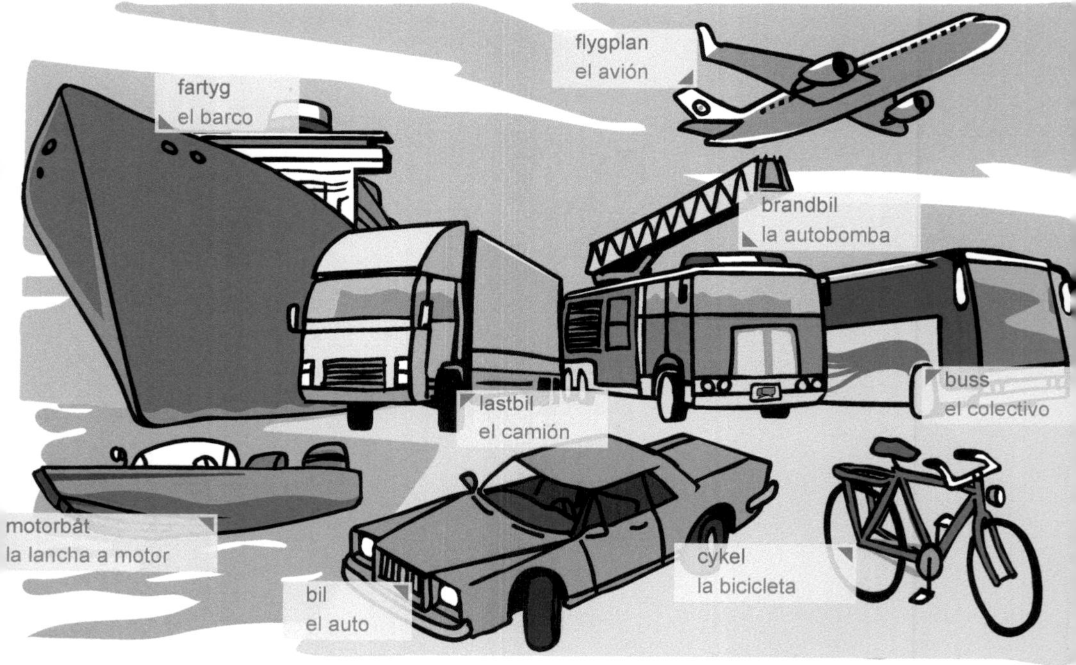
flygplan
el avión
fartyg
el barco
brandbil
la autobomba
buss
el colectivo
lastbil
el camión
motorbåt
la lancha a motor
cykel
la bicicleta
bil
el auto

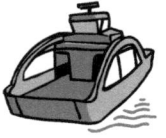

färja

el ferry

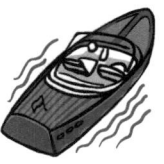

båt

el bote

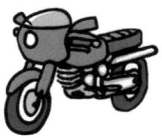

motorcykel

la moto

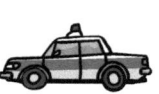

polisbil

el patrullero

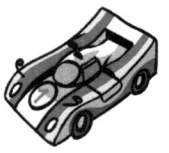

racerbil

el auto de carreras

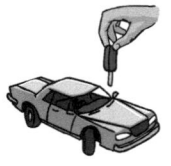

hyrbil

el auto de alquiler

bilpool

el alquiler de autos

bärgningsbil

la grúa

sopbil

el camión de la basura

motor

el motor

bränsle

la nafta

bensinstation

la estación de servicio

vägmärke

la señal de tránsito

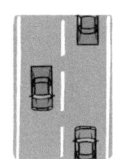

trafik

el tránsito

bilkö

el embotellamiento

parkeringsplats

el estacionamiento

tågstation

la estación de tren

räls

las vías

tåg

el tren

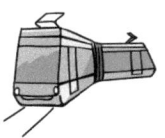

spårvagn

el tranvía

vagn

el vagón

helikopter

el helicóptero

flygplats

el aeropuerto

torn

la torre

passagerare

el pasajero

container

el contenedor

kartong

la caja de cartón

vagn

la carretilla

korg

la canasta

starta / landa

despegar / aterrizar

stad
la ciudad

by

el pueblo

centrum

el centro de la ciudad

hus

la casa

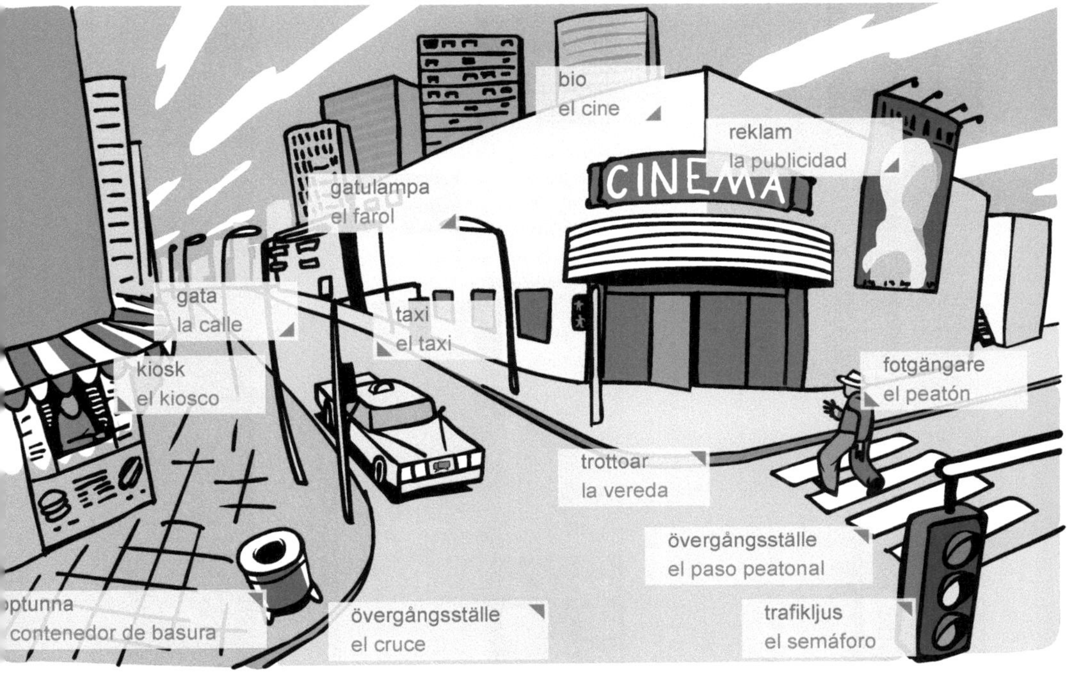

bio
el cine
reklam
la publicidad
CINEMA
gatulampa
el farol
gata
la calle
taxi
el taxi
kiosk
el kiosco
fotgängare
el peatón
trottoar
la vereda
övergångsställe
el paso peatonal
ptunna
contenedor de basura
övergångsställe
el cruce
trafikljus
el semáforo

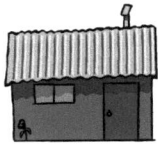

stuga

la cabaña

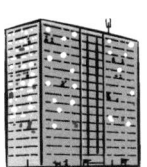

lägenhet

el departamento

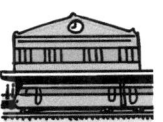

tågstation

la estación de tren

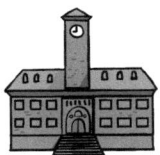

stadshus

la municipalidad

MUSEUM

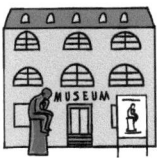

museum

el museo

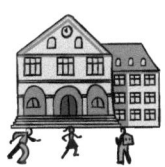

skola

el colegio

universitet

la universidad

bank

el banco

sjukhus

el hospital

hotell

el hotel

apotek

la farmacia

kontor

la oficina

bokhandel

la librería

affär

el negocio

blomsterbutik

la florería

stormarknad

el supermercado

marknad

el mercado

varuhus

las grandes tiendas

fiskhandlare

la pescadería

köpcentrum

el centro comercial

hamn

el puerto

park
el parque

bänk
el banco

brygga
el puente

trappa
las escaleras

tunnelbana
el subte

tunnel
el túnel

busshållplats
la parada del colectivo

bar
el bar

restaurang
el restaurante

brevlåda
el buzón

gatuskylt
el letrero

parkeringsautomat
el parquímetro

zoo
el zoológico

simbassäng
la pileta

moské
la mezquita

bondgård
la granja

förorening
la contaminación

kyrkogård
el cementerio

kyrka
la iglesia

lekplats
los juegos infantiles

tempel
el templo

landskap
el paisaje

löv
la hoja

vägskylt
el poste indicador

väg
el camino

äng
la pradera

sten
la piedra

träd
el árbol

liftare
el excursionista

flod
el río

blomma
la flor

gräs
la hierba

dal

el valle

kulle

la montaña

sjö

el lago

skog

el bosque

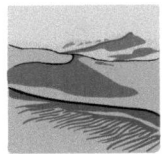

öken

el desierto

vulkan

el volcán

slott

el castillo

regnbåge

el arco iris

svamp

el champiñón

palm

la palmera

mygga

el mosquito

fluga

la mosca

myra

la hormiga

bi

la abeja

spindel

la araña

skalbagge

el escarabajo

groda

la rana

ekorre

la ardilla

igelkott

el erizo

hare

la liebre

uggla

la lechuza

fågel

el pájaro

svan

el cisne

vildsvin

el jabalí

rådjur

el ciervo

älg

el alce

damm

la presa

vindkraftverk

el aerogenerador

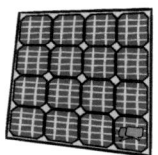

solcellspanel

el panel solar

klimat

el clima

restaurang

el restaurante

servitör
el mozo
meny
el menú
stol
la silla
soppa
la sopa
pizza
la pizza
bestick
los cubiertos
bordsduk
el mantel

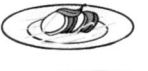

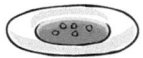

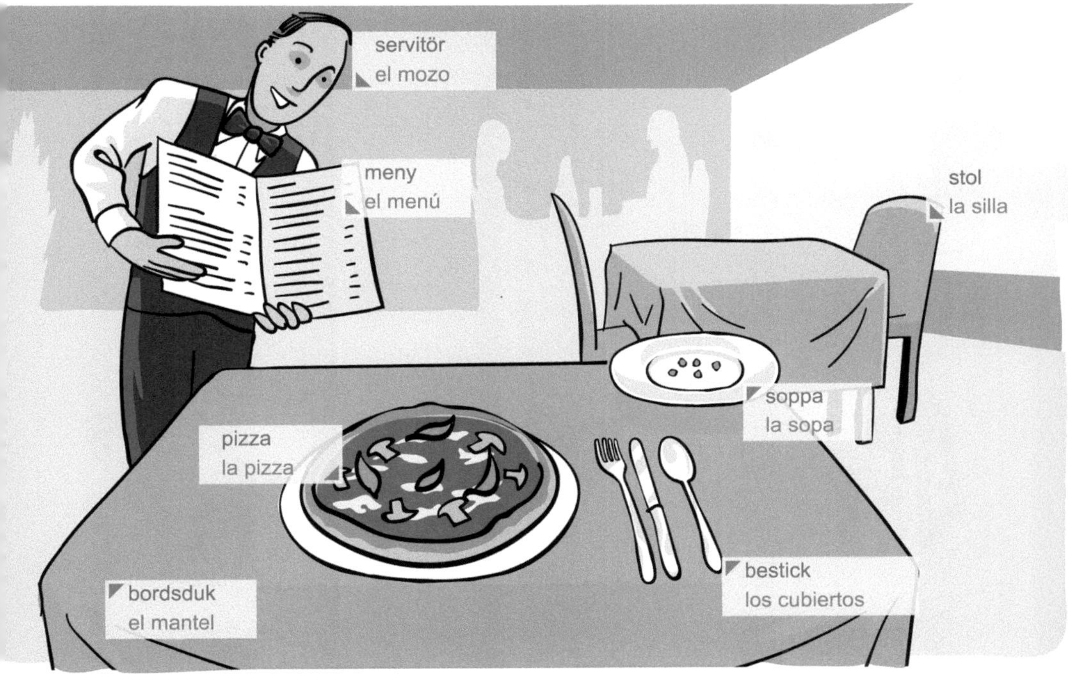

förrätt

la entrada

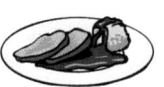

huvudrätt

el plato principal

dessert

el postre

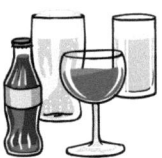

drycker

las bebidas

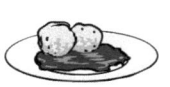

mat

la comida

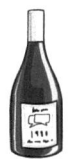

flaska

la botella

snabbmat

la comida rápida

street food

la comida callejera

tekanna

la tetera

sockerskål

la azucarera

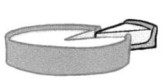

portion

la porción

espressomaskin

la cafetera expreso

barnstol

la sillita alta

räkning

la cuenta

bricka

la bandeja

kniv

el cuchillo

gaffel

el tenedor

sked

la cuchara

tesked

la cucharita

servett

la servilleta

glas

el vaso

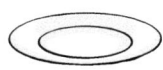

tallrik
el plato

sopptallrik
el plato hondo

tefat
el plato

sås
la salsa

saltkar
el salero

pepparkvarn
el molinillo de pimienta

vinäger
el vinagre

olja
el aceite

kryddor
las especias

ketchup
el kétchup

senap
la mostaza

majonnäs
la mayonesa

stormarknad

el supermercado

specialerbjudande
la oferta especial
FOR
kund
el cliente
mejeriprodukter
los lácteos
frukt
la fruta
varukorg
el changuito

BUTCHERS

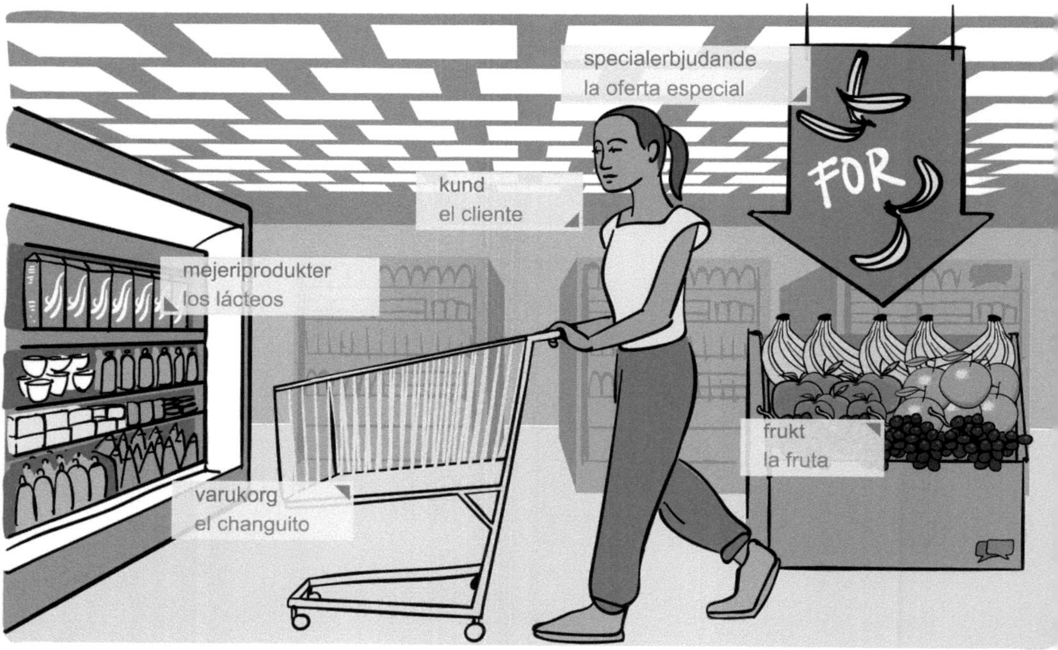

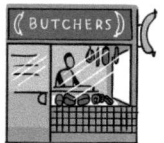

charkuteri

la carnicería

BAKERY

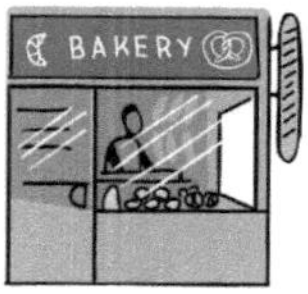

bageri

la panadería

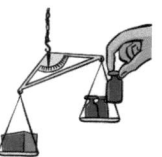

väga

pesar

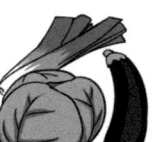

grönsaker

las verduras

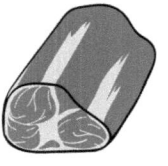

kött

la carne

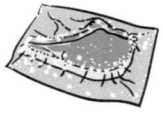

frysta livsmedel

los alimentos congelados

pålägg

los fiambres

konserver

los alimentos enlatados

tvättmedel

el detergente en polvo

godis

las golosinas

hushållsprodukter

los electrodomésticos

rengöringsmedel

los productos de limpieza

försäljare

la vendedora

kassa

la caja

kassör

el cajero

inköpslista

la lista de compras

öppettider

el horario de atención

plånbok

la billetera

kreditkort

la tarjeta de crédito

väska

la cartera

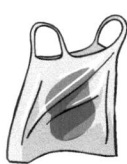

plastpåse

la bolsa de plástico

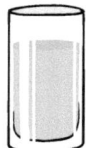

vatten

el agua

juice

el jugo

mjölk

la leche

cola

la bebida cola

vin

el vino

öl

la cerveza

alkohol

el alcohol

kakao

el cacao

te

el té

kaffe

el café

espresso

el café expreso

cappuccino

el cappuccino

banan

la banana

äpple

la manzana

apelsin

la naranja

melon

el melón

citron

el limón

morot

la zanahoria

vitlök

el ajo

bambu

el bambú

lök

la cebolla

svamp

el champiñón

nötter

las nueces

nudlar

los fideos

spaghetti

los tallarines

ris

el arroz

sallad

la ensalada

pommes frites

las papas fritas

stekt potatis

las papas fritas

pizza

la pizza

hamburgare

la hamburguesa

smörgås

el sándwich

schnitzel

el churrasco

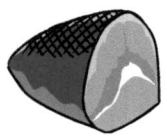

skinka

el jamón

salami

el salame

korv

la salchicha

kyckling

el pollo

stek

el asado

fisk

el pescado

havregryn

los copos de avena

müsli

el muesli

cornflakes

los copos de maíz

mjöl

la harina

croissant

la medialuna

fralla

el pancito

bröd

el pan

rostat bröd

la tostada

kex

las galletitas

smör

la manteca

kvarg

la cuajada

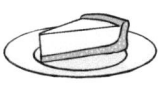

kaka

la torta

ägg

el huevo

stekt ägg

el huevo frito

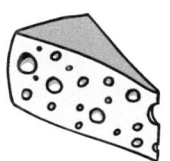

ost

el queso

mat - la comida

25

glass

el helado

socker

el azúcar

honung

la miel

sylt

la mermelada

nougatkräm

la pasta de chocolate

curry

el curry

bondgård
la granja

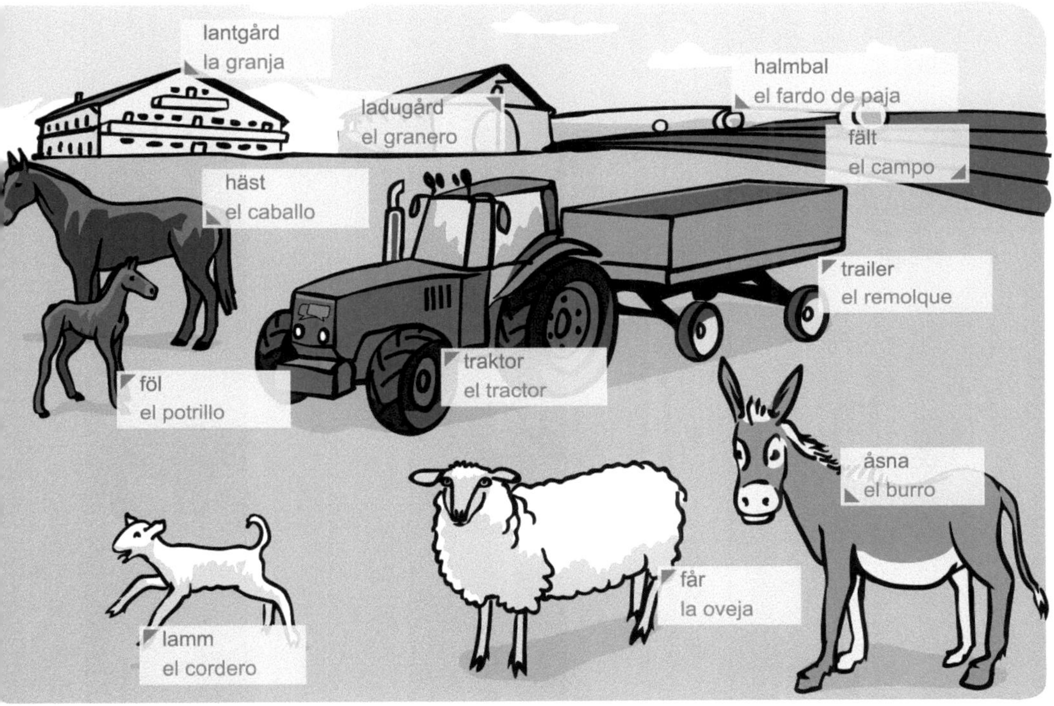
lantgård
la granja
ladugård
el granero
halmbal
el fardo de paja
fält
el campo
häst
el caballo
trailer
el remolque
traktor
el tractor
föl
el potrillo
åsna
el burro
får
la oveja
lamm
el cordero

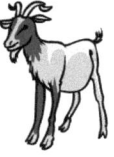

get
la cabra

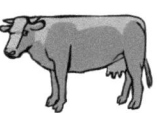

ko
la vaca

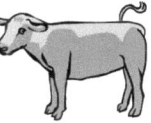

kalv
el ternero

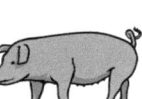

gris
el cerdo

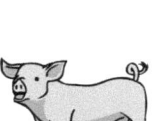

griskulting
el lechón

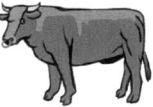

tjur
el toro

gås

el ganso

anka

el pato

kyckling

el pollo

höna

la gallina

tupp

el gallo

råtta

la rata

katt

el gato

mus

el ratón

oxe

el buey

hund

el perro

hundkoja

la cucha

trädgårdsslang

la manguera

vattenkanna

la regadera

lie

la guadaña

plog

el arado

skära

la hoz

hacka

la azada

högaffel

la horquilla

yxa

el hacha

skottkärra

la carretilla

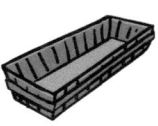

tråg

el abrevadero

mjölkflaska

la lechera

säck

la bolsa

staket

la reja

stall

el establo

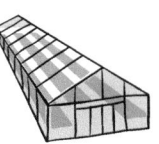

växthus

el invernadero

jord

el suelo

säd

la semilla

gödsel

el fertilizador

skördetröska

la cosechadora

skörda
....
cosechar

skörd
....
la cosecha

jams
....
las batatas

vete
....
el trigo

soja
....
la soja

potatis
....
la papa

majs
....
el maíz

raps
....
la semilla de colza

fruktträd
....
el árbol frutal

maniok
....
la mandioca

spannmål
....
los cereales

hus

la casa

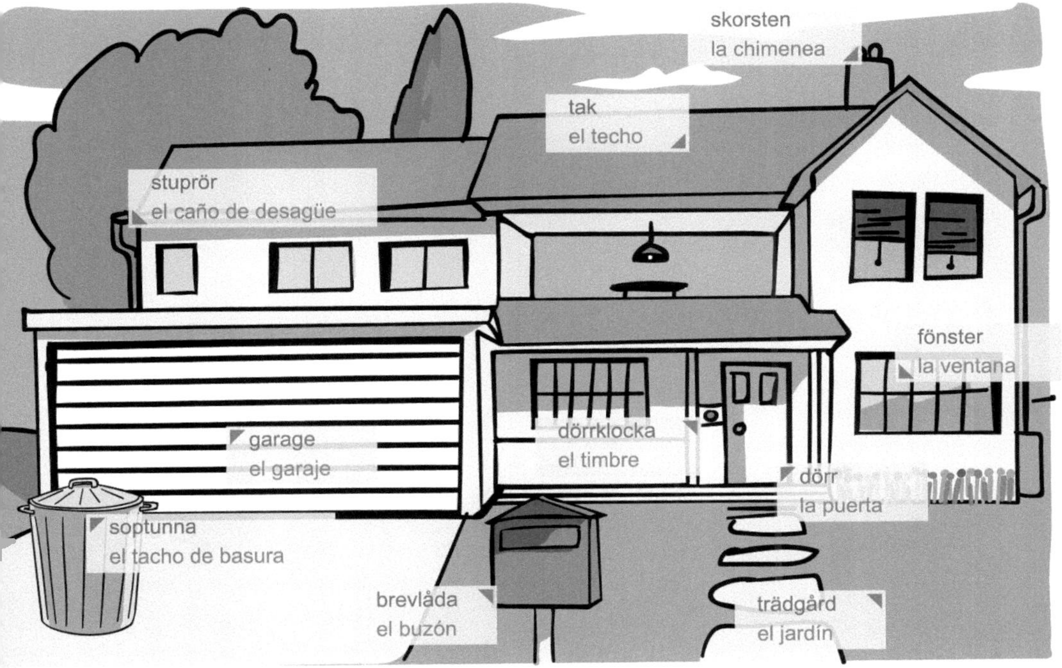
skorsten
la chimenea
tak
el techo
stuprör
el caño de desagüe
fönster
la ventana
dörrklocka
el timbre
garage
el garaje
dörr
la puerta
soptunna
el tacho de basura
brevlåda
el buzón
trädgård
el jardín

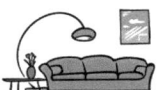

vardagsrum

el living

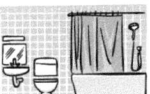

badrum

el baño

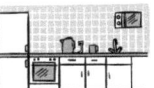

kök

la cocina

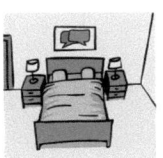

sovrum

el dormitorio

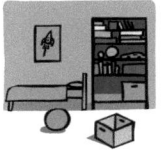

barnrum

el cuarto de los chicos

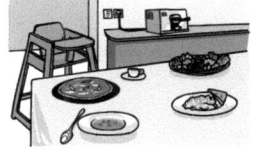

matsal

el comedor

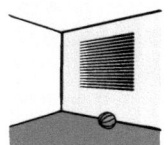

golv
el piso

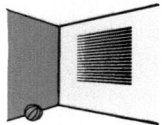

vägg
la pared

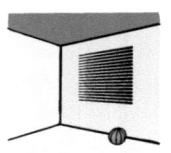

tak
el cielorraso

källare
el sótano

bastu
el sauna

balkong
el balcón

terrass
la terraza

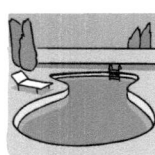

bassäng
la pileta

gräsklippare
la cortadora de pasto

lakan
la sábana

överkast
el acolchado

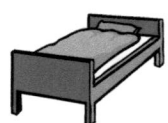

säng
la cama

kvast
la escoba

hink
el balde

strömbrytare
el interruptor

vardagsrum
el living

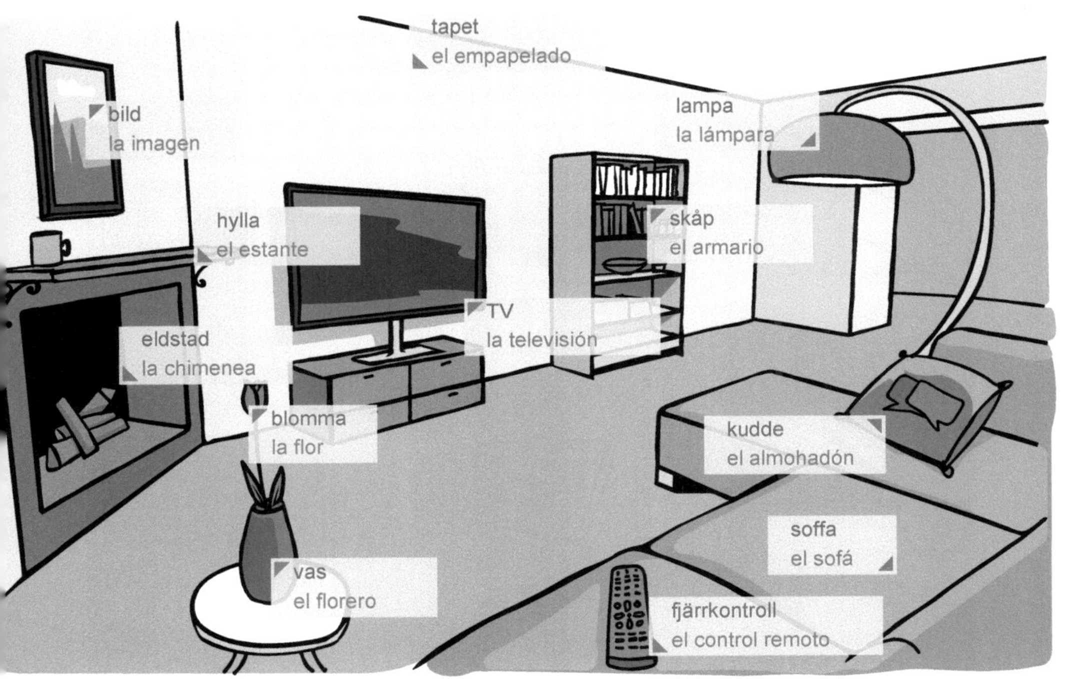
tapet
el empapelado
bild
la imagen
lampa
la lámpara
hylla
el estante
skåp
el armario
TV
la televisión
eldstad
la chimenea
blomma
la flor
kudde
el almohadón
soffa
el sofá
vas
el florero
fjärrkontroll
el control remoto

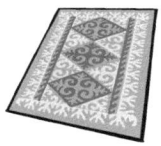

matta
la alfombra

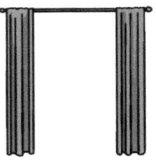

gardin
la cortina

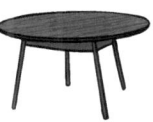

bord
la mesa

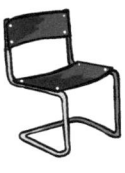

stol
la silla

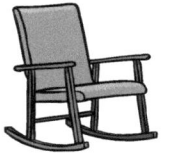

gungstol
la mecedora

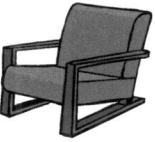

fåtölj
el sillón

bok

el libro

filt

la frazada

dekoration

la decoración

vedträ

la leña

film

la película

stereoanläggning

el equipo de música

nyckel

la llave

dagstidning

el diario

målning

la pintura

poster

el póster

radio

la radio

anteckningsbok

el cuaderno

dammsugare

la aspiradora

kaktus

el cactus

stearinljus

la vela

kök
la cocina

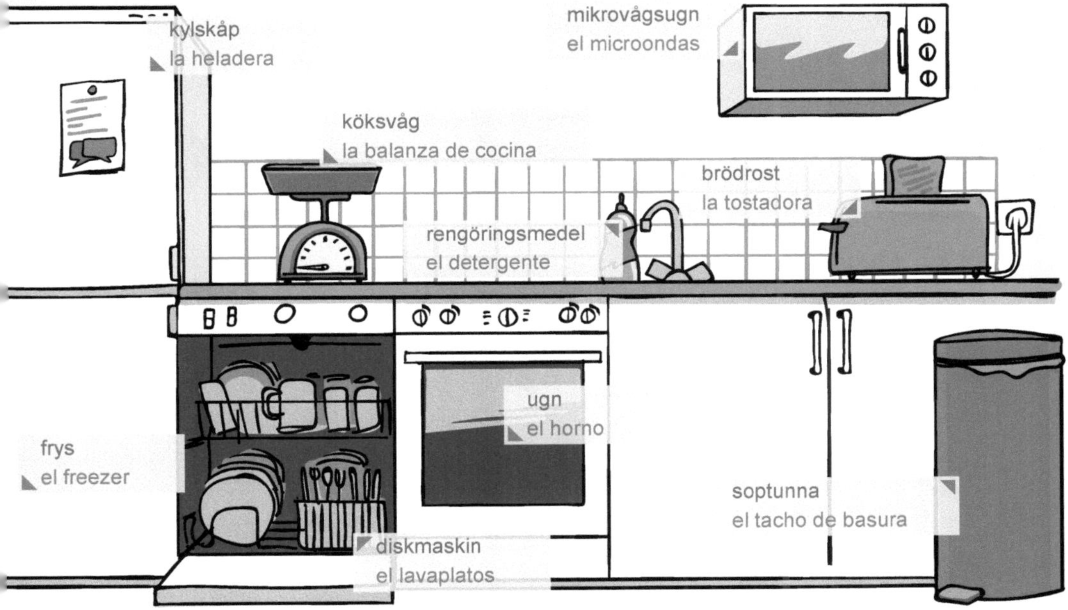

kylskåp
la heladera
mikrovågsugn
el microondas
köksvåg
la balanza de cocina
brödrost
la tostadora
rengöringsmedel
el detergente
ugn
el horno
frys
el freezer
soptunna
el tacho de basura
diskmaskin
el lavaplatos

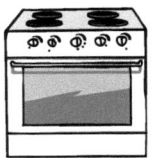

spis

la cocina

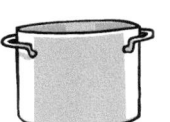

kastrull

la olla

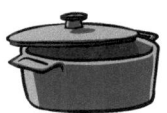

järngryta

la olla de hierro fundido

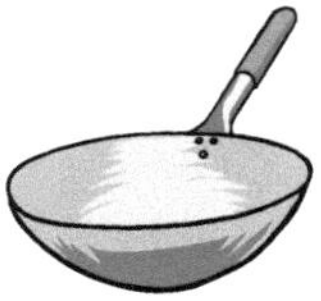

wok / kadai

el wok

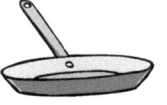

stekpanna

la sartén

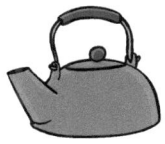

vattenkokare

la pava

ångkokare

la vaporera

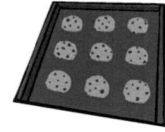

bakplåt

la bandeja de horno

porslin

la vajilla

mugg

la taza

skål

el bol

ätpinnar

los palitos

soppslev

el cucharón

stekspade

la espátula

visp

la batidora

durkslag

el colador

sil

el colador

rivjärn

el rallador

mortel

el mortero

grill

la parrilla

brasa

la fogata

skärbräda

la tabla de picar

kavel

el palo de amasar

korkskruv

el sacacorchos

burk

la lata

burköppnare

el abrelatas

grytlapp

la manopla

vask

la pileta

borste

el cepillo

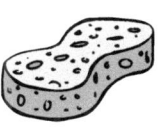

svamp

la esponja

mixer

la batidora

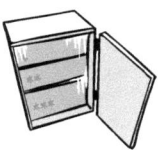

frys

el congelador

nappflaska

la mamadera

kran

la canilla

kök - la cocina

badrum
el baño

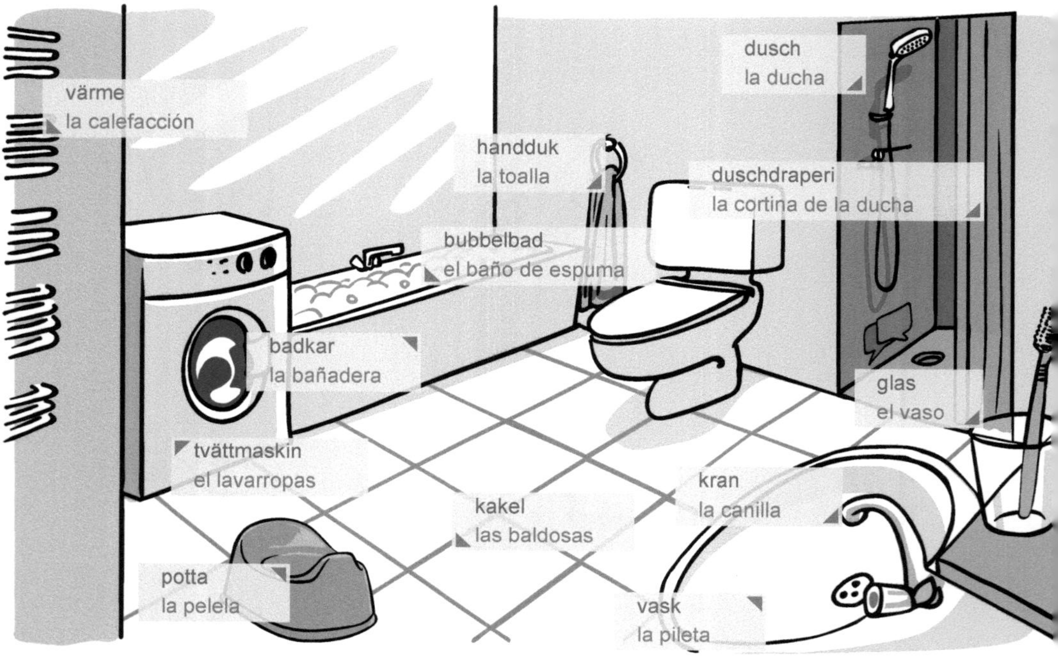

värme
la calefacción
handduk
la toalla
dusch
la ducha
duschdraperi
la cortina de la ducha
bubbelbad
el baño de espuma
badkar
la bañadera
glas
el vaso
tvättmaskin
el lavarropas
kran
la canilla
kakel
las baldosas
potta
la pelela
vask
la pileta

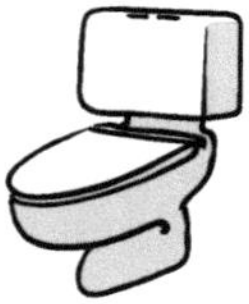

toalett

el inodoro

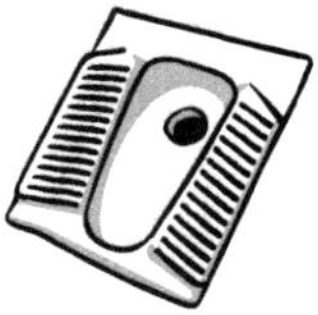

låg toalett

la letrina

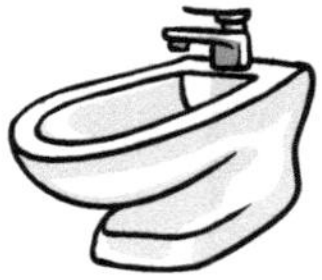

bidet

el bidé

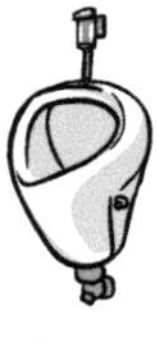

pissoar

el mingitorio

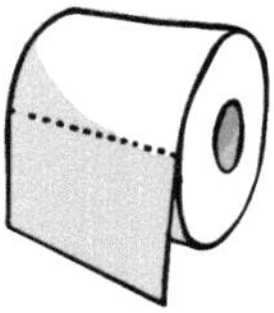

toalettpapper

el papel higiénico

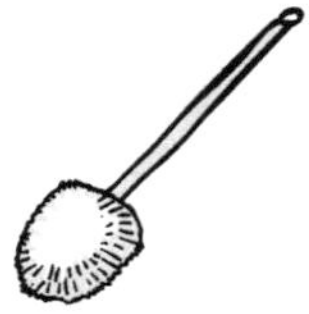

toalettborste

el cepillo para el inodoro

tandborste

el cepillo de dientes

tandkräm

el dentífrico

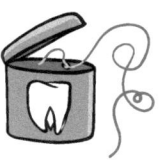

tandtråd

el hilo dental

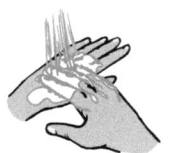

tvätta

lavar

handdusch

la ducha de mano

intimdusch

la ducha higiénica

handfat

la palangana

ryggborste

el cepillo para la espalda

tvål

el jabón

duschgel

el gel de ducha

schampo

el shampoo

trasa

la toallita

avlopp

el desagüe

crème

la crema

deodorant

el desodorante

spegel

el espejo

handspegel

el espejito

rakhyvel

la maquinita de afeitar

raklödder

la espuma de afeitar

rakvatten

el aftershave

kam

el peine

borste

el cepillo

hårtork

el secador de pelo

hårspray

el spray

smink

el maquillaje

läppstift

el lápiz de labios

nagellack

el esmalte para uñas

bomullsvadd

el algodón

nagelsax

la tijera para uñas

parfym

el perfume

necessär

el portacosméticos

pall

la banqueta

våg

la balanza

badrock

la bata

gummihandskar

los guantes de goma

tampong

el tampón

binda

la toallita femenina

kemisk toalett

el baño químico

barnrum
el cuarto de los chicos

väckarklocka
el despertador
gosedjur
el peluche
leksaksbil
el coche de juguete
skallra
el sonajero
dockhus
la casa de muñecas
present
el regalo

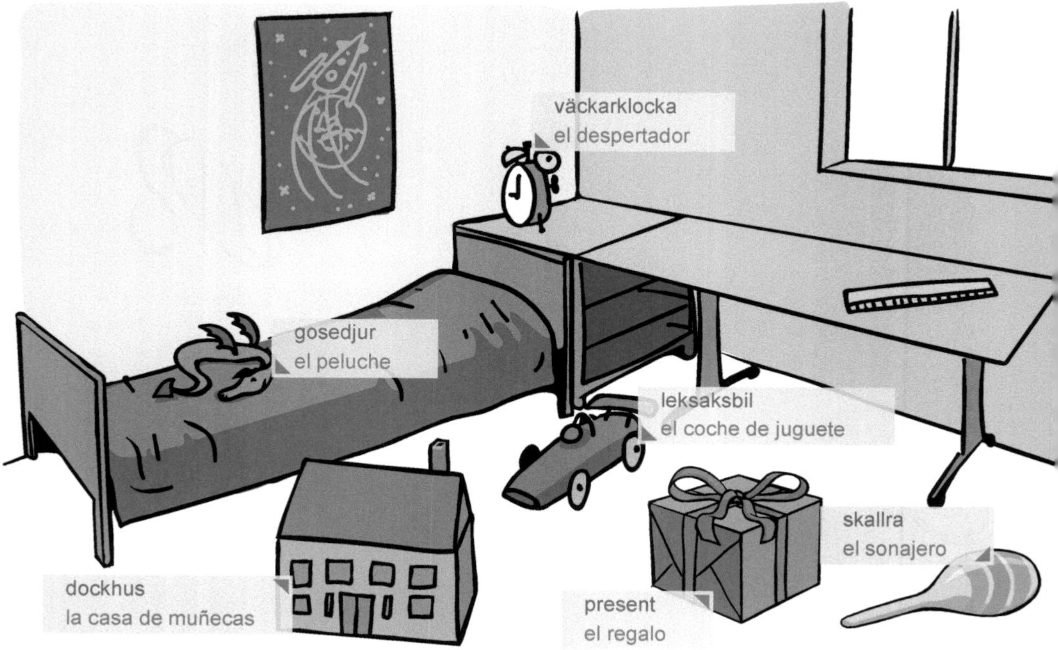

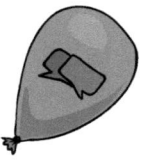

ballong
el globo

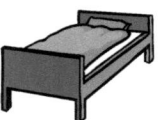

säng
la cama

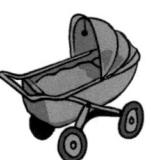

barnvagn
el cochecito

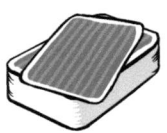

kortlek
las cartas

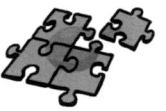

pussel
el rompecabezas

SUPER
MEGA

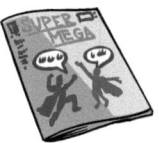

serietidning
la historieta

legobitar

las piezas de lego

klossar

los ladrillos de juguete

actionfigur

la figura de acción

sparkdräkt

el enterito (de bebé)

frisbee

el frisbee

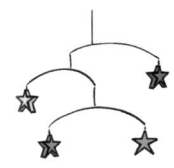

mobil

el móvil para bebés

brädspel

el juego de mesa

tärning

los dados

modelljärnväg

el tren eléctrico

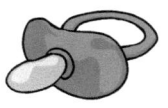

napp

el chupete

party

la fiesta

bilderbok

el libro de cuentos ilustrado

boll

la pelota

docka

la muñeca

spela

jugar

sandlåda

el arenero

gunga

la hamaca

leksaker

los juguetes

spelkonsol

la consola de videojuegos

trehjuling

el triciclo

nalle

el osito de peluche

garderob

el armario

kläder

la ropa

sockar

las medias

strumpor

las medias panty

tights

las calzas

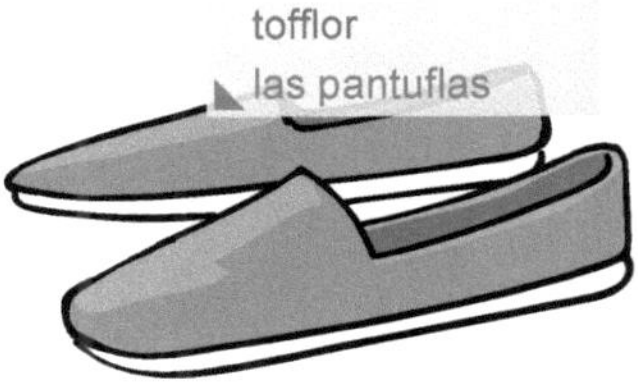

halsduk
la bufanda

paraply
el paraguas

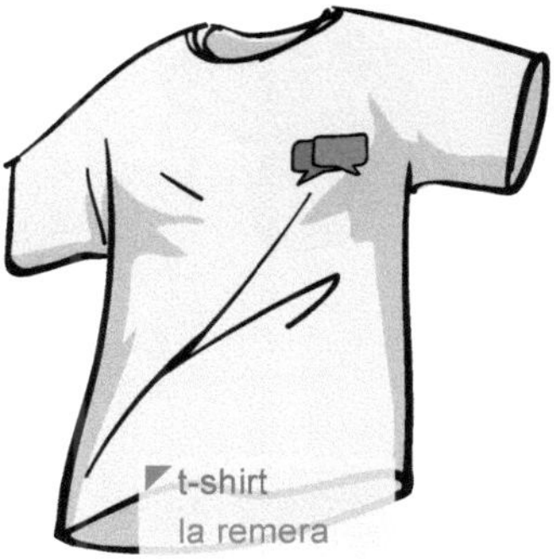

t-shirt
la remera

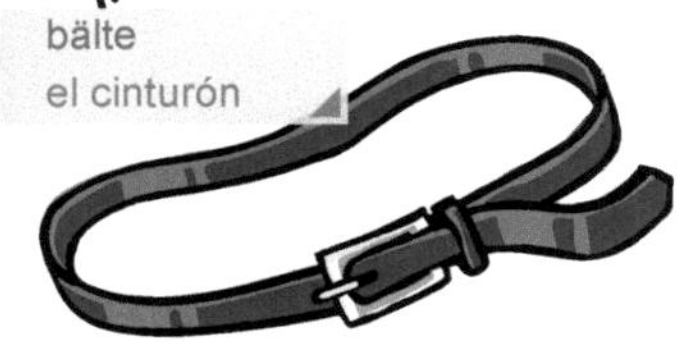

bälte
el cinturón

stövlar
las botas

tofflor
las pantuflas

sneakers
las zapatillas

sandaler
las sandalias

skor
los zapatos

gummistövlar
las botas de goma

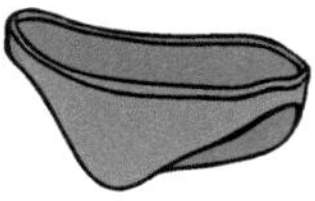

underbyxor
la ropa interior

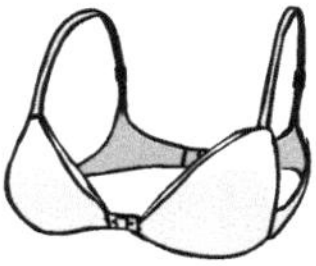

BH
el corpiño

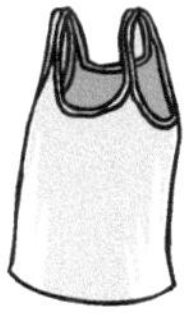

linne
el chaleco

body
el body

byxor
los pantalones

jeans
los jeans

kjol
la pollera

blus
la blusa

skjorta
la camisa

pullover
el pulóver

sweater
el buzo

blazer
el blazer

jacka
la campera

kappa
el tapado

regnjacka
el piloto

dräkt
el traje

klänning
el vestido

bröllopsklänning
el vestido de novia

kostym
el traje

nattlinne
el camisón

pyjamas
el pijama

sari
el sari

slöja
el pañuelo para la cabeza

turban
el turbante

burka
la burka

kaftan
el caftán

abaya
la abaya

baddräkt
el traje de baño

badbyxor
el short de baño

shorts
los shorts

träningsoverall
el jogging

förkläde
el delantal

handskar
los guantes

knapp

el botón

glasögon

los anteojos

armband

la pulsera

halsband

el collar

ring

el anillo

örhänge

el aro

mössa

la gorra

galge

la percha

hatt

el sombrero

slips

la corbata

dragkedja

el cierre

hjälm

el casco

hängslen

los tiradores

skoluniform

el uniforme escolar

uniform

el uniforme

haklapp

el babero

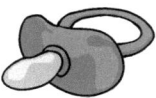

napp

el chupete

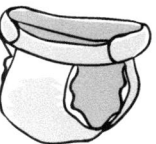

blöja

el pañal

kontor
la oficina

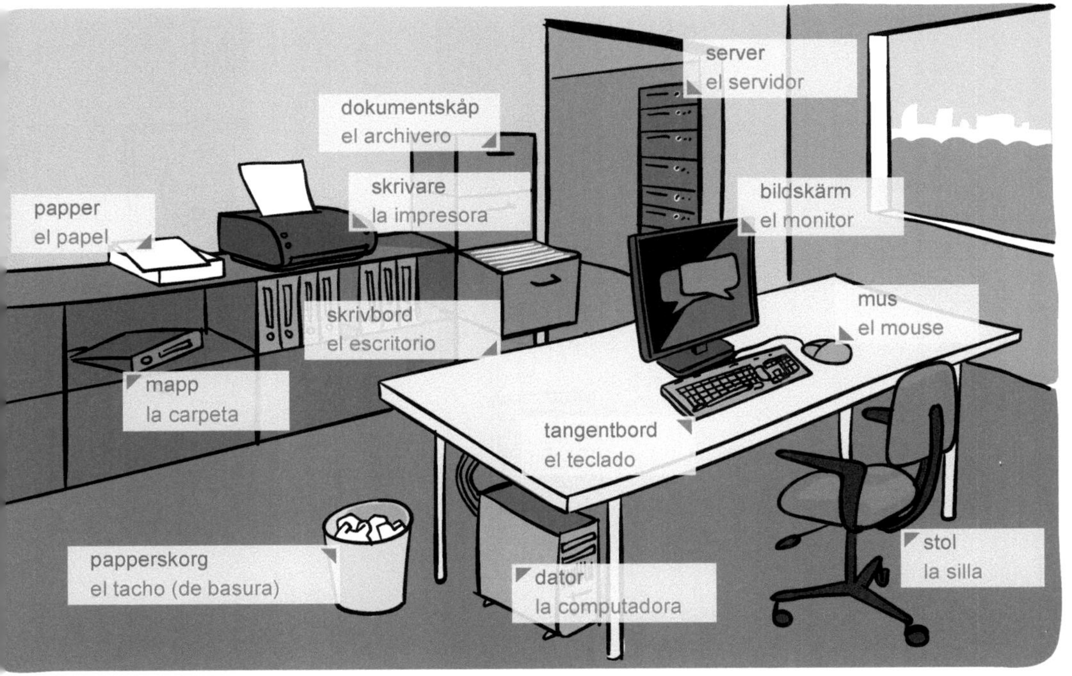

server
el servidor

dokumentskåp
el archivero

skrivare
la impresora

bildskärm
el monitor

papper
el papel

mus
el mouse

skrivbord
el escritorio

mapp
la carpeta

tangentbord
el teclado

papperskorg
el tacho (de basura)

stol
la silla

dator
la computadora

kaffemugg

la taza de café

miniräknare

la calculadora

internet

el internet

bärbar dator
la laptop

brev
la carta

meddelande
el mensaje

mobiltelefon
el celular

nätverk
la red

kopieringsapparat
la fotocopiadora

programvara
el software

telefon
el teléfono

vägguttag
el tomacorriente

fax
el fax

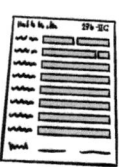

blankett
el formulario

dokument
el documento

köpa

comprar

betala

pagar

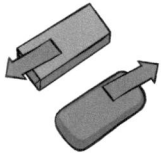

handla

hacer negocios

pengar

el dinero

USD

dollar

el dólar

EUR

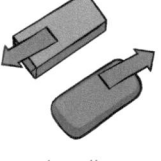

euro

el euro

JPY

yen

el yen

RUB

rubel

el rublo

CHF

schweizisk franc

el franco suizo

CNY

renminbi yan

el yuan

INR

rupie

la rupia

bankomat

el cajero automático

växelkontor

la casa de cambio

guld

el oro

silver

la plata

olja

el petróleo

energi

la energía

pris

el precio

kontrakt

el contrato

skatt

el impuesto

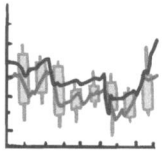

aktie

la acción

arbeta

trabajar

anställd

el empleado

arbetsgivare

el empleador

fabrik

la fábrica

affär

el negocio

yrken
las ocupaciones

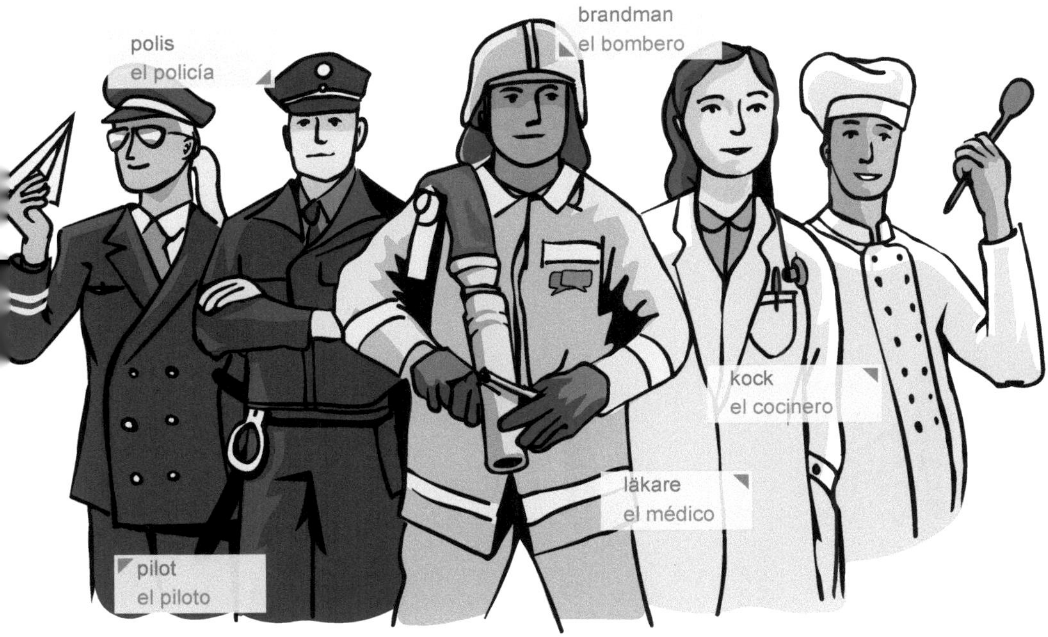
polis
el policía
brandman
el bombero
kock
el cocinero
läkare
el médico
pilot
el piloto

trädgårdsmästare

el jardinero

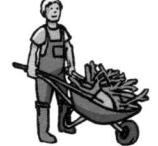

snickare

el carpintero

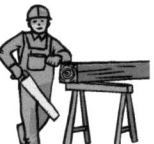

sömmerska

la modista

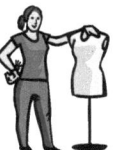

domare

el juez

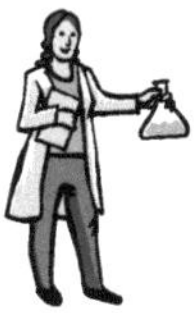

kemist

el farmacéutico

skådespelare

el actor

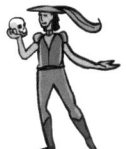

busschaufför

el colectivero

taxichaufför

el taxista

fiskare

el pescador

städerska

la mucama

takläggare

el techista

servitör

el mozo

jägare

el cazador

målare

el pintor

bagare

el panadero

elektriker

el electricista

byggarbetare

el albañil

ingenjör

el ingeniero

slaktare

el carnicero

rörmokare

el plomero

brevbärare

el cartero

yrken - las ocupaciones

soldat

el soldado

arkitekt

el arquitecto

kassör

el cajero

florist

el florista

frisör

el peluquero

konduktör

el cobrador

mekaniker

el mecánico

kapten

el capitán

tandläkare

el dentista

vetenskapsman

el científico

rabbin

el rabino

imam

el imán

munk

el monje

präst

el sacerdote

verktyg
las herramientas

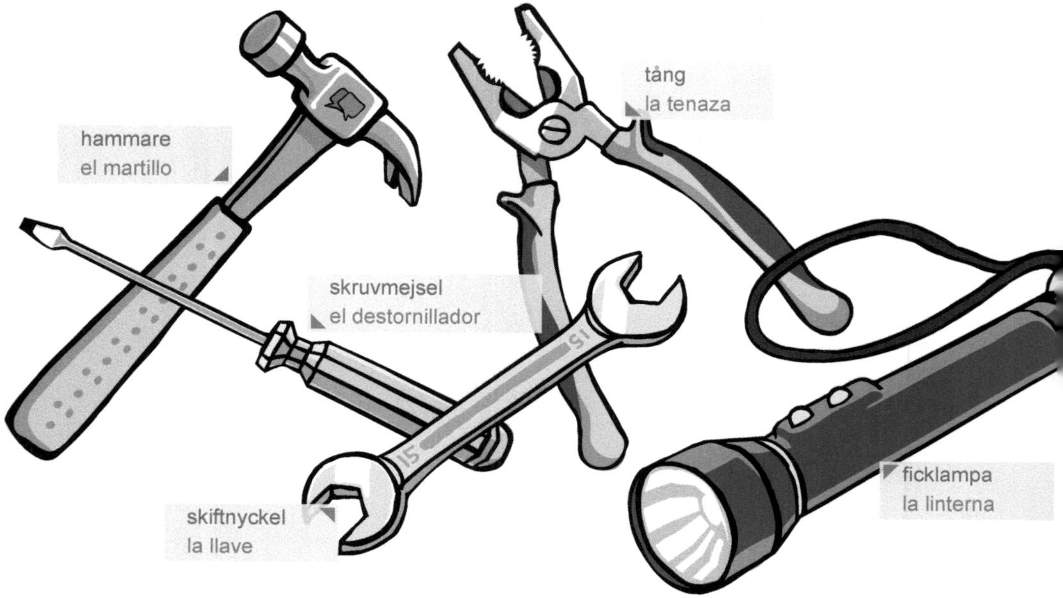
hammare
el martillo
tång
la tenaza
skruvmejsel
el destornillador
skiftnyckel
la llave
ficklampa
la linterna

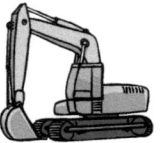

grävmaskin
la excavadora

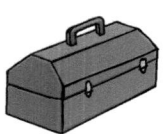

verktygslåda
la caja de herramientas

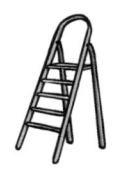

stege
la escalera portátil

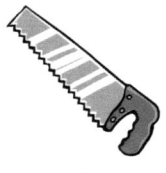

såg
la sierra

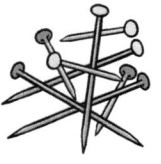

spik
los clavos

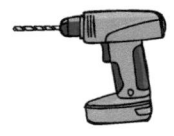

borr
el taladro

reparera
arreglar

spade
la pala de jardín

Helvete!
¡Qué bronca!

sopskyffel
la pala de plástico

färgburk
el tacho de pintura

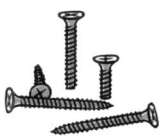

skruvar
los tornillos

musikinstrument
los instrumentos musicales

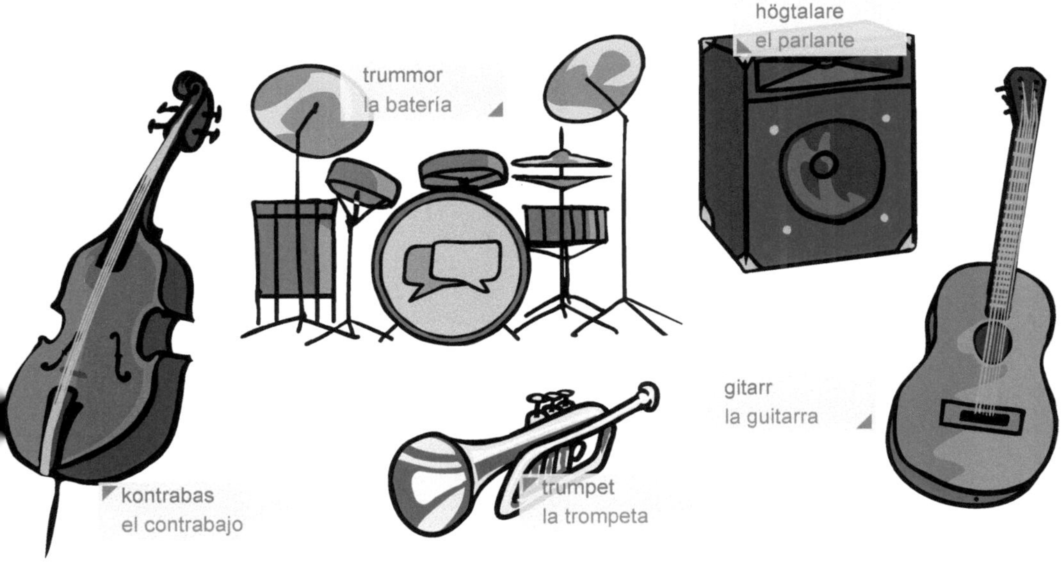

trummor
la batería

högtalare
el parlante

gitarr
la guitarra

kontrabas
el contrabajo

trumpet
la trompeta

piano

el piano

violin

el violín

bas

el bajo

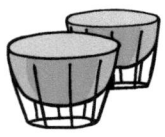

timpani

los timbales

trumma

el tambor

keyboard

el teclado

saxofon

el saxofón

flöjt

la flauta

mikrofon

el micrófono

zoo

el zoológico

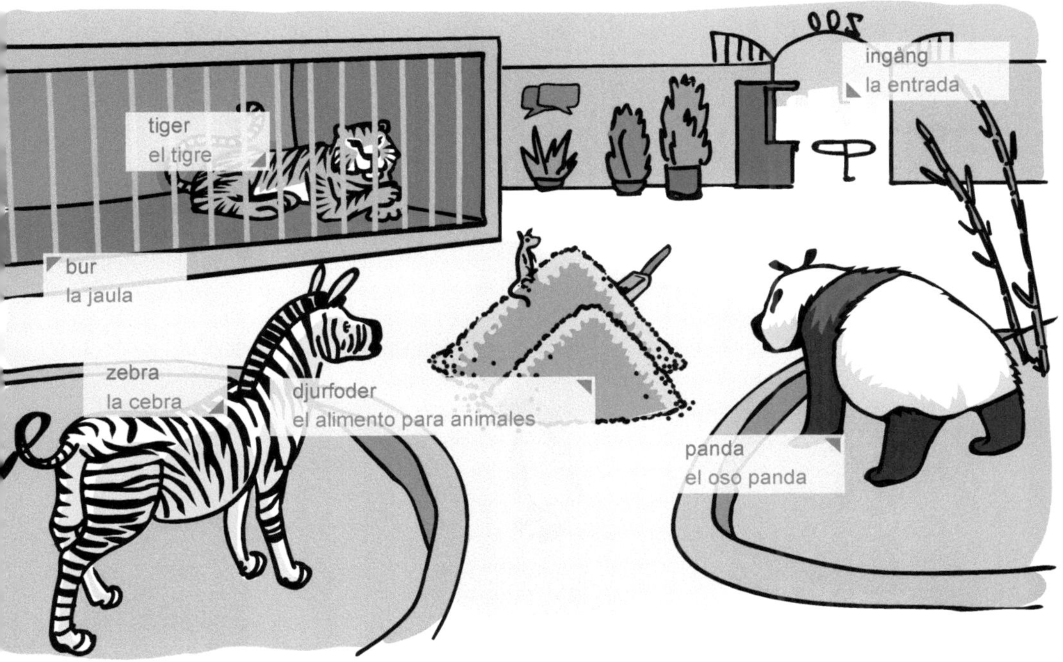

ingång
la entrada
tiger
el tigre
bur
la jaula
zebra
la cebra
djurfoder
el alimento para animales
panda
el oso panda

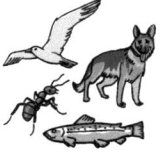

djur

los animales

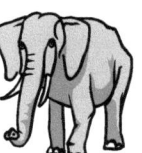

elefant

el elefante

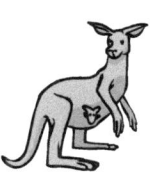

känguru

el canguro

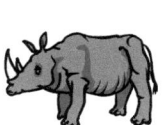

noshörning

el rinoceronte

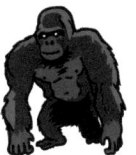

gorilla

el gorila

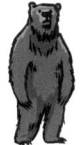

björn

el oso

kamel

el camello

struts

el avestruz

lejon

el león

apa

el mono

flamingo

el flamenco

papegoja

el loro

isbjörn

el oso polar

pingvin

el pingüino

haj

el tiburón

påfågel

el pavo real

orm

la serpiente

krokodil

el cocodrilo

djurskötare

el cuidador del zoológico

säl

la foca

jaguar

el jaguar

ponny

el poni

leopard

el leopardo

flodhäst

el hipopótamo

giraff

la jirafa

örn

el águila

vildsvin

el jabalí

fisk

el pescado

sköldpadda

la tortuga

valross

la morsa

räv

el zorro

gazell

la gacela

amerikansk fotboll
el fútbol americano

cykling
el ciclismo

tennis
el tenis

basket
el básquet

simning
la natación

boxning
el boxeo

ishockey
el hockey sobre hielo

fotboll
el fútbol

badminton
el bádminton

friidrott
el atletismo

handboll
el handball

skidåkning
el esquí

polo
el polo

hoppa
saltar

skratta
reír

krama
abrazar

gå
caminar

sjunga
cantar

be
rezar

kyssa
besar

drömma
soñar

skriva
escribir

rita
dibujar

visa
mostrar

skjuta
presionar

ge
dar

ta
tomar

hagel

tener

göra

hacer

vara

ser

stå

estar parado

springa

correr

dra

tirar

kasta

tirar

falla

caer

ligga

estar acostado

vänta

esperar

bära

llevar

sitta

estar sentado

klä på

vestirse

sova

dormir

vakna

despertar

se på

mirar

gråta

llorar

smeka

acariciar

kamma

peinar

prata

hablar

förstå

entender

fråga

preguntar

höra

escuchar

dricka

beber

äta

comer

städa

ordenar

älska

amar

laga mat

cocinar

köra

manejar

flyga

volar

segla

navegar

räkna

calcular

läsa

leer

lära sig

aprender

arbeta

trabajar

gifta sig

casarse

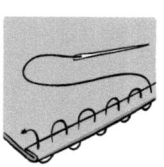

sy

coser

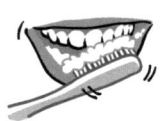

borsta tänderna

cepillarse los dientes

döda

matar

röka

fumar

skicka

enviar

familj

la familia

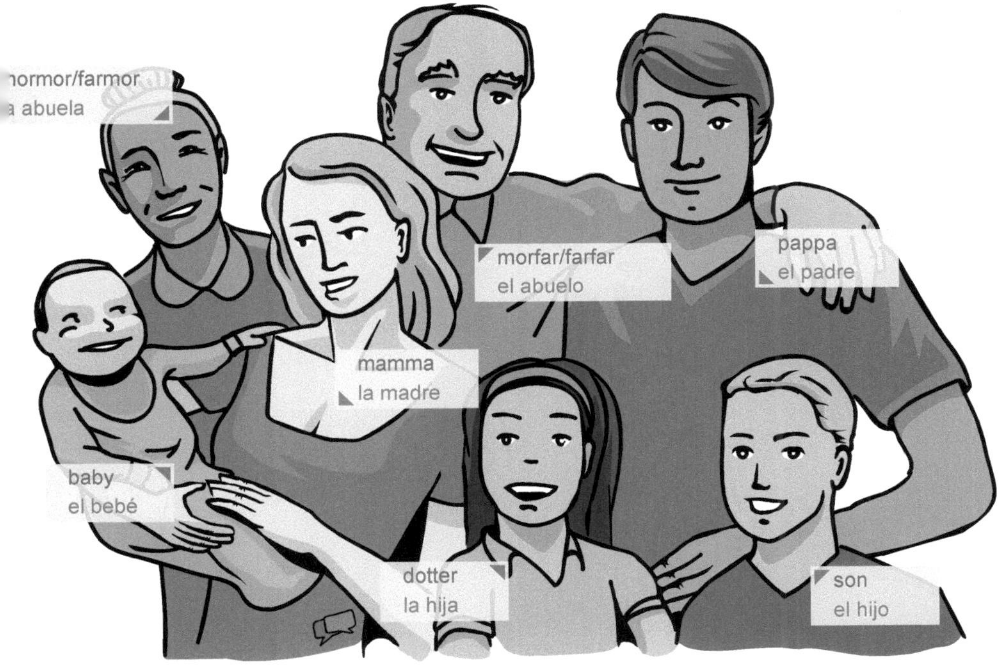

ormor/farmor
a abuela
morfar/farfar
el abuelo
pappa
el padre
mamma
la madre
baby
el bebé
dotter
la hija
son
el hijo

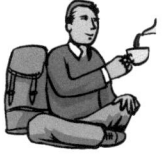

gäst

el invitado

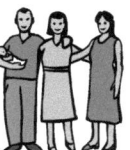

moster/faster

la tía

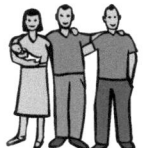

farbror/morbror

el tío

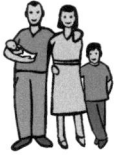

bror

el hermano

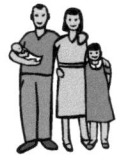

syster

la hermana

kropp
el cuerpo

panna
la frente
öga
el ojo
skuldra
el hombro
finger
el dedo
ansikte
la cara
haka
la pera
hand
la mano
ben
la pierna
bröst
el pecho
arm
el brazo

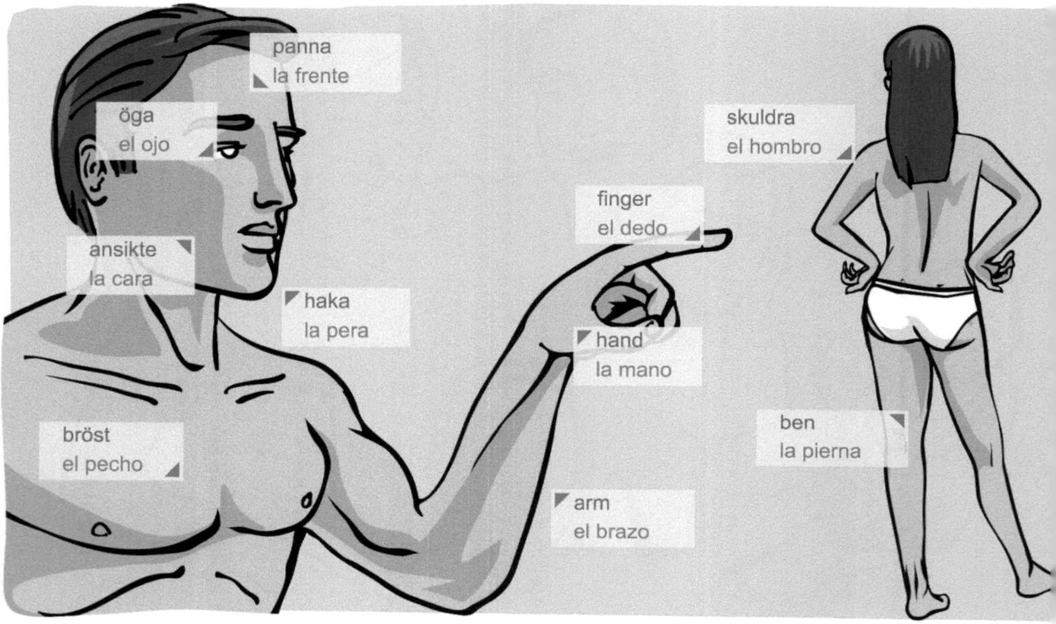

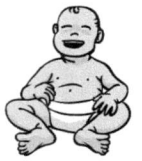

baby

el bebé

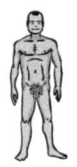

man

el hombre

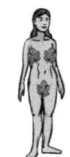

kvinna

la mujer

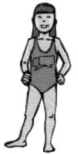

flicka

la nena

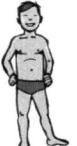

pojke

el nene

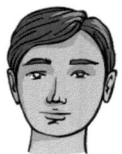

huvud

la cabeza

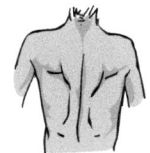

rygg

la espalda

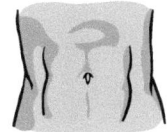

mage

la panza

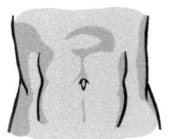

navel

el ombligo

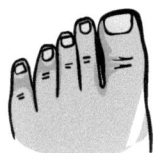

tå

el dedo del pie

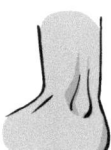

häl

el talón

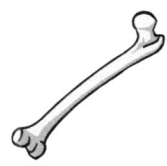

ben

el hueso

höft

la cadera

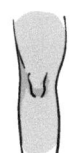

knä

la rodilla

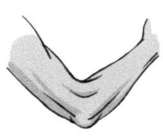

armbåge

el codo

näsa

la nariz

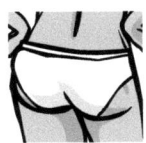

stjärt

la cola

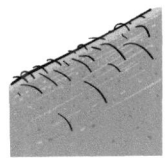

hud

la piel

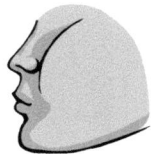

kind

el cachete

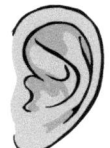

öra

la oreja

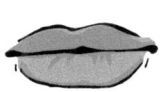

läpp

el labio

kropp - el cuerpo

mun

la boca

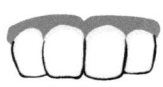

tand

el diente

tunga

la lengua

hjärna

el cerebro

hjärta

el corazón

muskel

el músculo

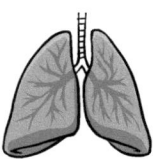

lunga

el pulmón

lever

el hígado

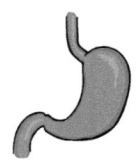

magsäck

el estómago

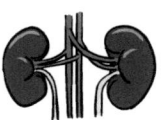

njurar

los riñones

sex

el sexo

kondom

el preservativo

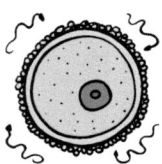

äggcell

el óvulo

sperma

el semen

graviditet

el embarazo

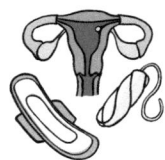

menstruation

la menstruación

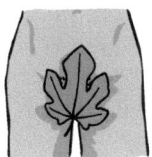

vagina

la vagina

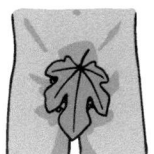

penis

el pene

ögonbryn

la ceja

hår

el pelo

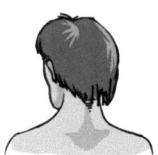

nacke

el cuello

sjukhus
el hospital

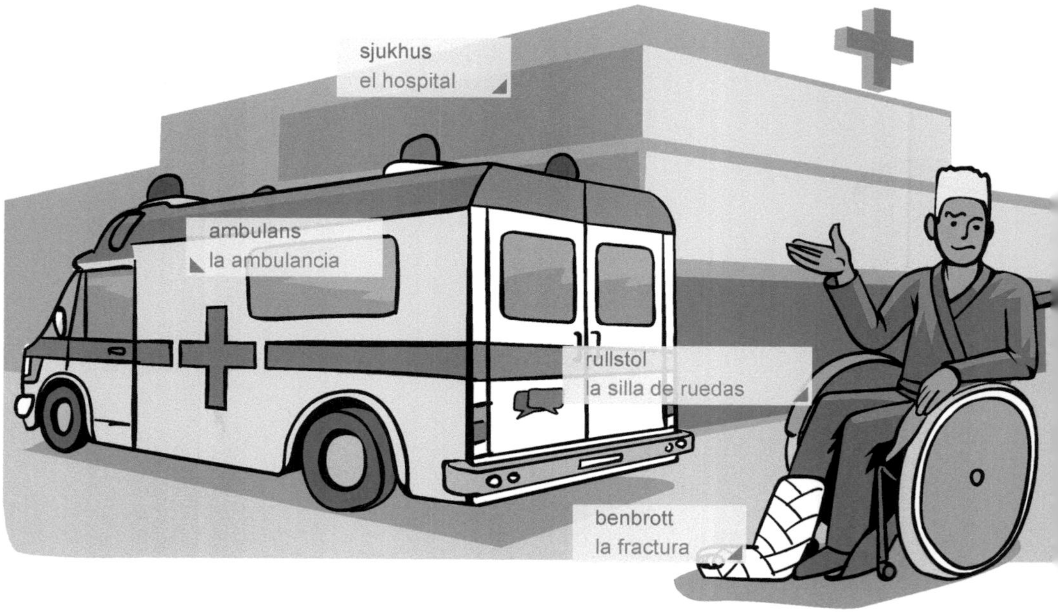

sjukhus
el hospital
ambulans
la ambulancia
rullstol
la silla de ruedas
benbrott
la fractura

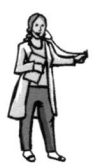

läkare

el médico

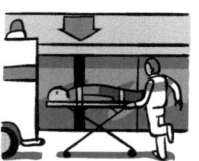

akutmottagning

la sala de guardia

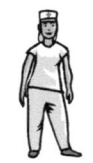

sjuksköterska

la enfermera

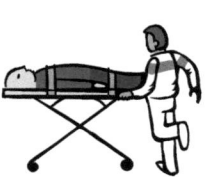

nödsituation

la emergencia

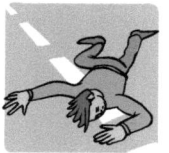

medvetslös

inconsciente

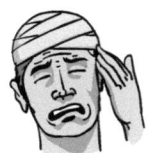

smärta

el dolor

skada

la lesión

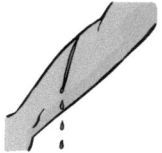

blödning

la hemorragia

hjärtattack

el infarto

slaganfall

el ACV

allergi

la alergia

hosta

la tos

feber

la fiebre

influensa

la gripe

diarré

la diarrea

huvudvärk

el dolor de cabeza

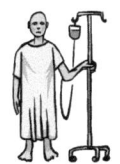

cancer

el cáncer

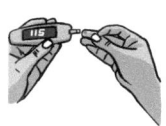

diabetes

la diabetes

kirurg

el cirujano

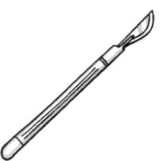

skalpell

el bisturí

operation

la operación

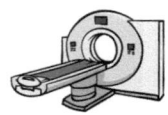

CT
la TC

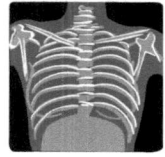

röntgen
los rayos x

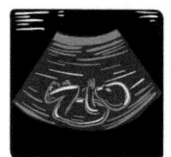

ultraljud
la ecografía

ansiktsmask
el barbijo

sjukdom
la enfermedad

väntsal
la sala de espera

krycka
la muleta

plåster
la curita

bandage
la venda

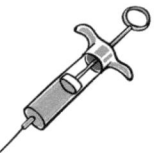

injektion
la inyección

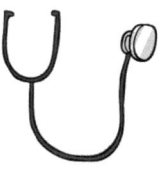

stetoskop
el estetoscopio

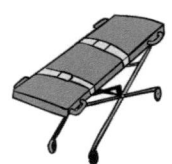

bår
la camilla

termometer
el termómetro

födsel
el nacimiento

övervikt
el sobrepeso

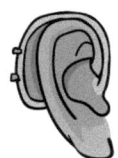

hörapparat
el audífono

desinfektionsmedel
el desinfectante

infektion
la infección

virus
el virus

HIV / AIDS
el VIH / SIDA

medicin
el remedio

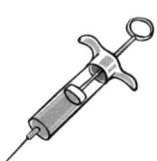

vaccination
la vacunación

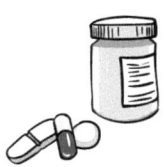

tabletter
los comprimidos

p-piller
la pastilla anticonceptiva

nödsamtal
la llamada de emergencia

blodtrycksmätare
el tensiómetro

sjuk / frisk
enfermo / sano

Hjälp!

¡Ayuda!

alarm

la alarma

överfall

la agresión

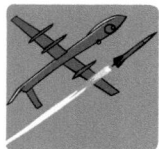

misshandel

el ataque

fara

el peligro

nödutgång

la salida de emergencia

Det brinner!

¡Fuego!

brandsläckare

el matafuego

olycka

el accidente

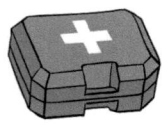

förbandslåda

el botiquín de primeros
auxilios

SOS

el SOS

polis

la policía

Europa
Europa

Nordamerika
América del Norte

Sydamerika
América del Sur

Afrika
África

Asien
Asia

Australien
Australia

Atlanten
el Atlántico

Stilla Havet
el Pacífico

Indiska Oceanen
el Océano Índico

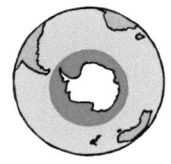

Antarktiska Oceanen
el Océano Antártico

Arktiska Oceanen
el Océano Ártico

Nordpol
el polo norte

Sydpol

el polo sur

Antarktis

la Antártida

Jorden

la Tierra

land

la tierra

hav

el mar

ö

la isla

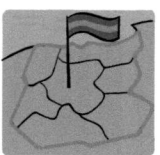

nation

la nación

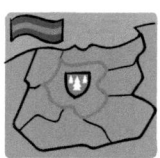

stat

el estado

urtavla

la esfera

timvisare

la manecilla de las horas

minutvisare

el minutero

sekundvisare

el segundero

Vad är klockan?

¿Qué hora es?

dag

el día

tid

la hora

nu

ahora

digital klocka

el reloj digital

minut

el minuto

timme

la hora

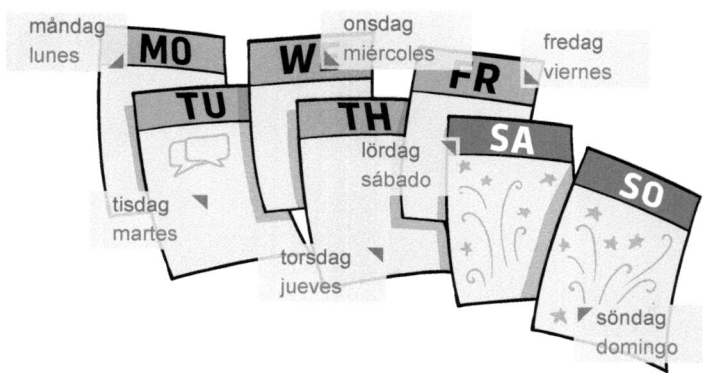

måndag / lunes
tisdag / martes
onsdag / miércoles
torsdag / jueves
fredag / viernes
lördag / sábado
söndag / domingo

igår
ayer

idag
hoy

imorgon
mañana

morgon
la mañana

middag
el mediodía

kväll
la tarde

MO	TU	WE	TH	FR	SA	SU
1	2	3	4	5	6	7
8	9	10	11	12	13	14
15	16	17	18	19	20	21
22	23	24	25	26	27	28
29	30	31	1	2	3	4

vardagar
los días hábiles

MO	TU	WE	TH	FR	SA	SU
1	2	3	4	5	6	7
8	9	10	11	12	13	14
15	16	17	18	19	20	21
22	23	24	25	26	27	28
29	30	31	1	2	3	4

helg
el fin de semana

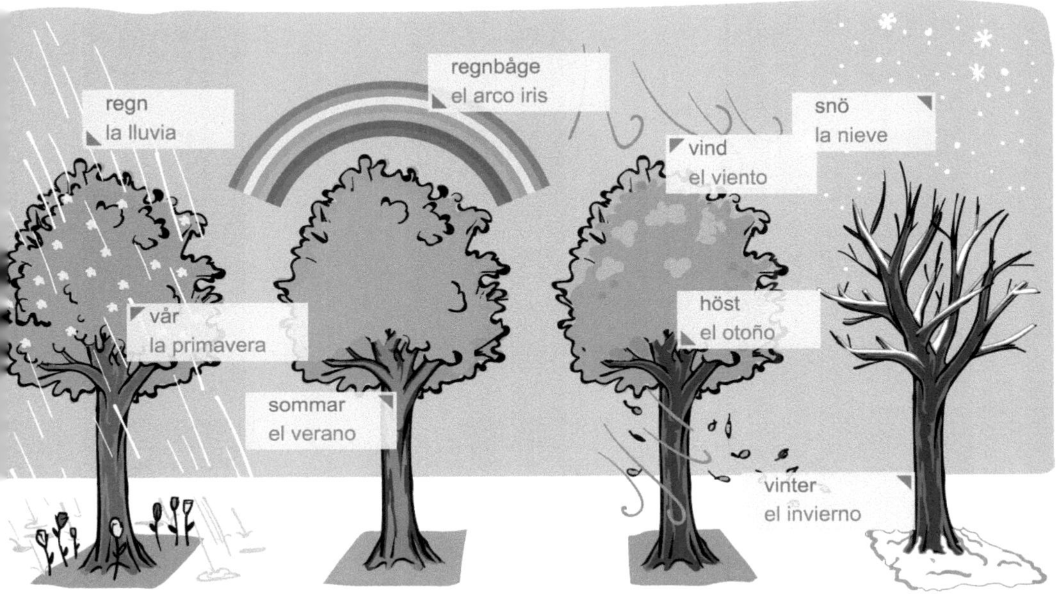

regn
la lluvia

regnbåge
el arco iris

snö
la nieve

vind
el viento

vår
la primavera

höst
el otoño

sommar
el verano

vinter
el invierno

4.APRIL	11°	☀
5.APRIL	4°	
6.APRIL	13°	
7.APRIL	8°	☀
8.APRIL	10°	☀

väderprognos
el pronóstico meteorológico

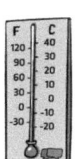

termometer
el termómetro

solsken
la luz del sol

moln
la nube

dimma
la niebla

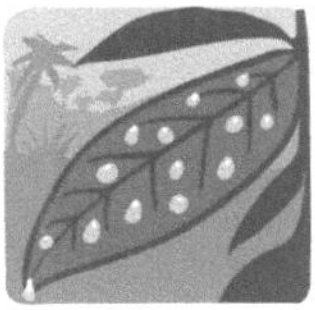

luftfuktighet
la humedad

blixt

el rayo

åska

el trueno

storm

la tormenta

hagel

el granizo

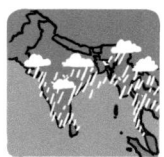

monsun

el monzón

översvämning

la inundación

is

el hielo

januari

enero

februari

febrero

mars

marzo

april

abril

maj

mayo

juni

junio

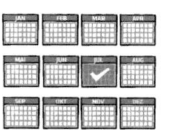

juli

julio

augusti

agosto

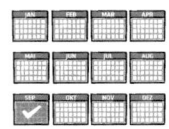

september
....
septiembre

oktober
....
octubre

november
....
noviembre

december
....
diciembre

former

las formas

cirkel
....
el círculo

kvadrat
....
el cuadrado

rektangel
....
el rectángulo

triangel
....
el triángulo

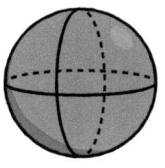

sfär
....
la esfera

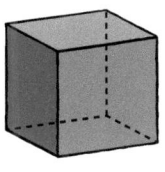

kub
....
el cubo

vit
blanco

gul
amarillo

orange
naranja

rosa
rosa

röd
rojo

lila
violeta

blå
azul

grön
verde

brun
marrón

grå
gris

svart
negro

mycket / lite

mucho / poco

arg / lugn

enojado / tranquilo

vacker / ful

lindo / feo

början / slut

el principio / el fin

stor / liten

grande / chico

ljus / mörk

claro / oscuro

bror / syster

el hermano / la hermana

ren / smutsig

limpio / sucio

komplett / ofullständig

completo / incompleto

dag / natt

el día / la noche

död / levande

muerto / vivo

bred / smal

ancho / angosto

ätlig / oätlig

comestible / no comestible

ond / god

malo / amable

upphetsad / uttråkad

entusiasmado / aburrido

tjock / smal

gordo / flaco

först / sist

primero / último

vän / fiende

el amigo / el enemigo

full / tom

lleno / vacío

hård / mjuk

duro / blando

tung / lätt

pesado / liviano

hunger / törst

el hambre / la sed

sjuk / frisk

enfermo / sano

olaglig / laglig

ilegal / legal

intelligent / dum

inteligente / estúpido

vänster / höger

izquierda / derecha

nära / långt bort

cerca / lejos

ny / begagnad

nuevo / usado

inget / något

nada / algo

gammal / ung

viejo / joven

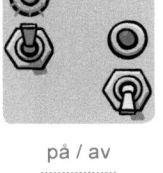

på / av

encendido / apagado

öppen / stängd

abierto / cerrado

tyst / högljudd

silencioso / ruidoso

rik / fattig

rico / pobre

rätt / fel

correcto / incorrecto

grov / slät

áspero / suave

ledsen / glad

triste / contento

kort / lång

corto / largo

långsam / snabb

lento / rápido

våt / torr

mojado / seco

varm / sval

caliente / frío

krig / fred

guerra / paz

0

noll

cero

1

ett

uno

2

två

dos

3

tre

tres

4

fyra

cuatro

5

fem

cinco

6

sex

seis

7

sju

siete

8

åtta

ocho

9

nio

nueve

10

tio

diez

11

elva

once

12

tolv

doce

13

tretton

trece

14

fjorton

catorce

15

femton

quince

16

sexton

dieciséis

17

sjutton

diecisiete

18

arton

dieciocho

19

nitton

diecinueve

20

tjugo

veinte

100

hundra

cien

1.000

tusen

mil

1.000.000

miljon

el millón

engelska
el inglés

amerikansk engelska
el inglés americano

kinesisk mandarin
el chino mandarín

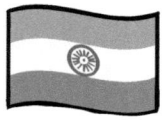

hindi
el hindi

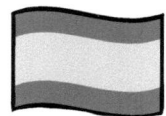

spanska
el español

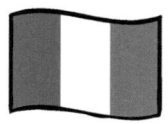

franska
el francés

arabiska
el árabe

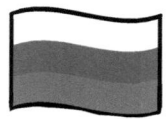

ryska
el ruso

portugisiska
el portugués

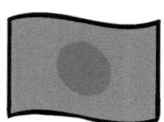

bengali
el bengalí

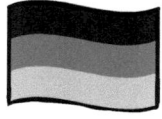

tyska
el alemán

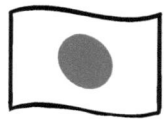

japanska
el japonés

jag

yo

du

vos

han / hon / den (det)

él / ella

vi

nosotros

ni

ustedes

de

ellos

vem?

¿quién?

vad?

¿qué?

hur?

¿cómo?

var?

¿dónde?

när?

¿cuándo?

namn

el nombre

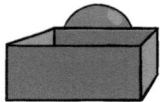

bakom

detrás

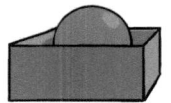

i

en

framför

adelante de

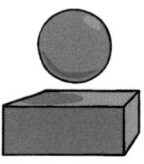

över

por encima de

på

sobre

under

debajo de

bredvid

al lado de

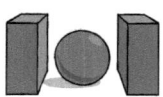

mellan

entre

plats

el lugar